《企业会计准则第23号 ——金融资产转移》 应用指南 2018

财政部会计司编写组 编著

中国财经出版传媒集团
中国财政经济出版社

图书在版编目（CIP）数据

《企业会计准则第 23 号——金融资产转移》应用指南.
2018/财政部会计司编写组编著 . —北京：中国财政经济
出版社，2018.5
ISBN 978 - 7 - 5095 - 8231 - 2

Ⅰ.①企…　Ⅱ.①财…　Ⅲ.①企业 - 会计准则 - 中国 -
指南　Ⅳ.①F279.23 - 62

中国版本图书馆 CIP 数据核字（2018）第 090891 号

责任编辑：宋学军　　　　　　责任校对：李　丽
封面设计：王　颖

中国财政经济出版社 出版

URL：http://www.cfeac.com
E - mail：cfeac@cfemg.cn

（版权所有　翻印必究）

社址：北京市海淀区阜成路甲 28 号　邮政编码：100142
营销中心电话：010 - 88191522
天猫网店：中国财政经济出版社旗舰店
http://zgczjjcbs.tmall.com
北京富生印刷厂印刷　各地新华书店经销
787×1092 毫米　16 开　4.25 印张　49 000 字
2018 年 7 月第 1 版　2018 年 7 月北京第 3 次印刷
定价：14.00 元
ISBN 978 - 7 - 5095 - 8231 - 2
（图书出现印装问题，本社负责调换）
本社质量投诉电话：010 - 88190744
打击盗版举报热线：010 - 88191661、QQ：2242791300

目 录

一、 总体要求 / 1

二、 关于应设置的会计科目 / 3
    (一) "1518 继续涉入资产" / 3
    (二) "2504 继续涉入负债" / 3

三、 关于金融资产终止确认的定义 / 4

四、 关于金融资产终止确认的判断流程 / 5
    (一) 确定适用金融资产终止确认规定的报告主体层面 / 5
    (二) 确定金融资产是部分还是整体适用终止确认原则 / 5
    (三) 确定收取金融资产现金流量的合同权利是否终止 / 7
    (四) 判断企业是否已转移金融资产 / 8
    (五) 分析所转移金融资产的风险和报酬转移情况 / 11
    (六) 分析企业是否保留了控制 / 20
    (七) 流程图 / 23

五、 关于满足终止确认条件的金融资产转移的会计处理 / 25
    (一) 金融资产整体转移的会计处理 / 25
    (二) 金融资产部分转移的会计处理 / 29

六、 关于继续确认被转移金融资产的会计处理 / 31

七、 **关于继续涉入被转移金融资产的会计处理** / 33

（一）通过对被转移金融资产提供担保方式继续涉入被转移金融资产 / 33

（二）因持有看涨期权或签出看跌期权而继续涉入以摊余成本计量的被转移金融资产 / 36

（三）因持有看涨期权而继续涉入以公允价值计量的被转移金融资产 / 38

（四）因签出看跌期权而继续涉入以公允价值计量的被转移金融资产 / 40

（五）因同时持有看涨期权和签出看跌期权而继续涉入以公允价值计量的被转移金融资产 / 41

（六）对金融资产的继续涉入仅限于金融资产一部分 / 42

八、 **关于金融资产转移中向转入方提供非现金担保物的会计处理** / 45

附录一　企业会计准则第 23 号——金融资产转移 / 46

附录二　《企业会计准则第 23 号——金融资产转移》修订说明 / 59

一、总体要求

《企业会计准则第 23 号——金融资产转移》（以下简称本准则）明确了金融资产转移的认定以及金融资产转移是否导致金融资产终止确认的判断原则，规范了金融资产转移和终止确认的相关会计处理。

企业应当在收取金融资产现金流量的合同权利终止时终止确认该金融资产。如果该合同权利尚未终止，只有在金融资产已转移，且该转移满足终止确认条件的规定时才能终止确认。因此，本准则规定的金融资产转移仅包含两种情形：

1. 企业将收取金融资产现金流量的合同权利转移给其他方。

2. 企业保留了收取金融资产现金流量的合同权利，但承担了将收取的该现金流量支付给一个或多个最终收款方的合同义务，且同时满足本准则第六条第（二）项的三个条件。

对于符合本准则规定的金融资产转移的两种情形，企业可根据本准则的规定进一步进行风险报酬以及控制的判断；对于除此之外的情形，企业应当继续确认该金融资产。

企业在判断金融资产转移是否导致金融资产终止确认时，应当评估其在多大程度上保留了金融资产所有权上的风险和报酬。企业转移了金融资产所有权上几乎所有风险和报酬的，应当终止确认该金融资产，并将转移中产生或保留的权利和义务单独确认为资产或负债；企业保留了金融资产所有权上几乎所有风险和报酬的，应当继续确认该金融资产；企业既没有转移也没有保留金融资产所有权上几乎所有风险和报酬的，应当进一步判断其是否保留了对金融资产的控制。企业未保留对该金融资产控制的，应当终止确认该金融资产，并将转移中产生或保留的权利和义务单独确认为资产或负债；

企业保留了对该金融资产控制的，应当按照其继续涉入被转移金融资产的程度确认有关金融资产，并相应确认相关负债。

企业应当在金融资产转移整体满足终止确认条件时，将被转移金融资产在终止确认日的账面价值与因转移金融资产而收到的对价（包含取得的新资产减去承担的新负债）和原直接计入其他综合收益的公允价值变动累计额中对应终止确认部分的金额（涉及转移的金融资产为根据《企业会计准则第22号——金融工具确认和计量》第十八条分类为以公允价值计量且其变动计入其他综合收益的金融资产的情形）之和的差额计入当期损益。

企业对于保留了被转移金融资产所有权上几乎所有风险和报酬而不满足终止确认条件的金融资产转移，应当继续确认被转移金融资产整体，并将收到的对价确认为一项金融负债，所涉及的金融资产与所确认的相关金融负债应当分别确认和计量，不得相互抵销。

企业既没有转移也没有保留金融资产所有权上几乎所有风险和报酬，且保留了对该金融资产控制的，应当按照其继续涉入被转移金融资产的程度确认相关金融资产，并相应确认相关负债。被转移金融资产和相关负债的计量应当充分反映企业所保留的权利和承担的义务。

二、关于应设置的会计科目

企业存在对已转移金融资产继续涉入情况的，应当设置相应会计科目核算继续涉入资产和继续涉入负债。以下给出了相关会计科目设置的建议，企业可以根据实际情况自行设置会计科目。有关账务处理请参考本指南第七部分"关于继续涉入被转移金融资产的会计处理"中有关示例。

（一）"1518 继续涉入资产"

本科目核算企业（转出方）由于对转出金融资产提供信用增级（如提供担保，持有次级权益）而继续涉入被转移金融资产时，企业所承担的最大可能损失金额（即企业继续涉入被转移金融资产的程度）。企业可以按金融资产转移业务的类别、继续涉入的性质或者被转移金融资产的类别设置本科目的明细科目。

（二）"2504 继续涉入负债"

本科目核算企业在金融资产转移中因继续涉入被转移资产而产生的义务。企业可以按金融资产转移业务的类别、被转移金融资产的类别或者交易对手设置本科目的明细科目。

三、关于金融资产终止确认的定义

金融资产转移中通常需要判断是否应终止确认所转移的金融资产。如果企业转移金融资产后不再保留任何与被转移金融资产相关的权利或义务,这种情况下终止确认被转移金融资产的结论通常比较明确。另一种情况是企业在转移金融资产后承担无条件以转让价格回购被转移金融资产的义务,且在回购之前需要支付利息,这种情况下企业承担的被转移金融资产的风险与自身持有的相同金融资产的风险没有实质区别,则不能终止确认被转移金融资产。如果金融资产的转移介于上述两种极端之间,企业在转移金融资产后保留了与被转移金融资产相关的某些权利或义务,则是否能够终止确认被转移金融资产就需要进行更加详细的分析,必须严格按照本准则规定的金融资产终止确认流程进行判断。票据背书转让、商业票据贴现、应收账款保理、资产证券化、债券买断式回购、融资融券等业务中都涉及金融资产转移和终止确认的判断和相应会计处理。

本准则规定,金融资产终止确认,是指企业将之前确认的金融资产从其资产负债表中予以转出。金融资产满足下列条件之一的,应当终止确认:

1. 收取该金融资产现金流量的合同权利终止。

2. 该金融资产已转移,且该转移满足本准则关于终止确认的规定。

在第一个条件下,企业收取金融资产现金流量的合同权利终止,如因合同到期而使合同权利终止,金融资产不能再为企业带来经济利益,应当终止确认该金融资产。在第二个条件下,企业收取一项金融资产现金流量的合同权利并未终止,但若企业转移了该项金融资产,同时该转移满足本准则关于终止确认的规定,在这种情况下,企业也应当终止确认被转移的金融资产。

四、关于金融资产终止确认的判断流程

本准则关于终止确认的相关规定，适用于所有金融资产的终止确认。根据本准则的规定，企业在判断金融资产是否应当终止确认以及在多大程度上终止确认时，应当遵循以下步骤：

（一）确定适用金融资产终止确认规定的报告主体层面

本准则规定，企业（转出方）对金融资产转入方具有控制权的，除在该企业个别财务报表基础上应用本准则外，在编制合并财务报表时，还应当按照《企业会计准则第33号——合并财务报表》的规定合并所有纳入合并范围的子公司（含结构化主体），并在合并财务报表层面应用本准则。

在资产证券化实务中，企业通常设立"信托计划""专项支持计划"等结构化主体作为结构化融资的载体，由结构化主体向第三方发行证券并向企业自身购买金融资产。这种情况下，从法律角度看企业可能已将金融资产转移到结构化主体，两者之间实现了风险隔离。但在进行金融资产终止确认判断时，企业应首先确定报告主体，即是编制合并财务报表还是个别财务报表。如果是合并财务报表，企业应当首先按照《企业会计准则第33号——合并财务报表》及《企业会计准则解释第8号》等有关规定合并所有子公司（含结构化主体），然后将本准则的规定应用于合并财务报表，即在合并财务报表层面进行金融资产转移及终止确认分析。

（二）确定金融资产是部分还是整体适用终止确认原则

本准则中的"金融资产"既可能指一项金融资产或其部分，也可能指一组类似金融资产或其部分。一组类似金融资产通常指金融

资产的合同现金流量在金额和时间分布上相似并且具有相似的风险特征，如合同条款类似、到期期限接近的一组住房抵押贷款等。

本准则规定，当且仅当金融资产（或一组金融资产，下同）的一部分满足下列三个条件之一时，终止确认的相关规定适用于该金融资产部分，否则，适用于该金融资产整体：

1. 该金融资产部分仅包括金融资产所产生的特定可辨认现金流量。如企业就某债务工具与转入方签订一项利息剥离合同，合同规定转入方拥有获得该债务工具利息现金流量的权利，但无权获得该债务工具本金现金流量，则终止确认的规定适用于该债务工具的利息现金流量。

2. 该金融资产部分仅包括与该金融资产所产生的全部现金流量完全成比例的现金流量部分。如企业就某债务工具与转入方签订转让合同，合同规定转入方拥有获得该债务工具全部现金流量90%份额的权利，则终止确认的规定适用于这些现金流量的90%。如果转入方不止一个，只要转出方所转移的份额与金融资产的现金流量完全成比例即可，不要求每一转入方均持有成比例的现金流量份额。

3. 该金融资产部分仅包括与该金融资产所产生的特定可辨认现金流量完全成比例的现金流量部分。如企业就某债务工具与转入方签订转让合同，合同规定转入方拥有获得该债务工具利息现金流量90%份额的权利，则终止确认的规定适用于该债务工具利息现金流量90%部分。如果转入方不止一个，只要转出方所转移的份额与金融资产的特定可辨认现金流量完全成比例即可，不要求每一转入方均持有成比例的现金流量份额。

在除上述情况外的其他所有情况下，本准则有关金融资产终止确认的相关规定适用于金融资产的整体。例如，企业转移了公允价值为100万元人民币的一组类似的固定期限贷款组合，约定向转入方支付贷款组合预期所产生的现金流量的前90万元人民币,企业保留了取得剩余现金流量的次级权益。因为最初90万元人民币的现金流量既可能来自贷款本金也可能来自利息,且无法辨认来自贷款组合中的哪些贷款,所以不是特定可辨认的现金流量,也不是该金融资产所产生的全部或部分现金流量的完全成比例的份额。在这种情况下,企业不能将终止确认的相关规定适用于该金融资产90万元人民币的部分,而应当适用于该金融资产的整体。

又如,企业转移了一组应收款项产生的现金流量90%的权利,同时提供了一项担保以补偿转入方可能遭受的信用损失,最高担保额为应收款项本金金额的8%。在这种情况下,由于存在担保,在发生信用损失的情况下,企业可能需要向转入方支付部分已经收到的企业自留的10%的现金流量,以补偿对方就90%现金流量所遭受的损失,导致该组应收款项下实际合同现金流量的分布并非按90%及10%完全成比例分配,因此终止确认的相关规定适用于该组金融资产的整体。

(三) 确定收取金融资产现金流量的合同权利是否终止

企业在确定适用金融资产终止确认规定的报告主体层面(合并财务报表层面或个别财务报表层面)以及对象(金融资产整体或部分)后,即可开始判断是否对金融资产进行终止确认。本准则规定,收取金融资产现金流量的合同权利已经终止的,企业应当终止确认该金融资产。如一项应收账款的债务人在约定期限内支付了全部款项,或者在期权合同到期时期权持有人未行使期权权利,导致收取金融资产现金流量的合同权利终止,企业应终止确认金融资产。

若收取金融资产的现金流量的合同权利没有终止,企业应当判断是否转移了金融资产,并根据以下有关金融资产转移的相关判断标准确定是否应当终止确认被转移金融资产。

（四）判断企业是否已转移金融资产

本准则规定，企业在判断是否已转移金融资产时，应分以下两种情形作进一步的判断：

1. 企业将收取金融资产现金流量的合同权利转移给其他方。

企业将收取金融资产现金流量的合同权利转移给其他方，表明该项金融资产发生了转移，通常表现为金融资产的合法出售或者金融资产现金流量权利的合法转移。例如，实务中常见的票据背书转让、商业票据贴现等，均属于这一种金融资产转移的情形。在这种情形下，转入方拥有了获取被转移金融资产所有未来现金流量的权利，转出方应进一步判断金融资产风险和报酬转移情况来确定是否应当终止确认被转移金融资产。

2. 企业保留了收取金融资产现金流量的合同权利，但承担了将收取的该现金流量支付给一个或多个最终收款方的合同义务。

这种金融资产转移的情形通常被称为"过手安排"。在某些金融资产转移交易中，转出方在出售金融资产后，会继续作为收款服务方或收款代理人等收取金融资产的现金流量，再转交给转入方或最终收款方。这种金融资产转移情形常见于资产证券化业务。例如，在某些情况下，银行可能负责收取所转移贷款的本金和利息并最终支付给收益权持有者，同时收取相应服务费。根据本准则规定，当企业保留了收取金融资产现金流量的合同权利，但承担了将收取的该现金流量支付给一个或多个最终收款方的合同义务时，当且仅当同时符合以下三个条件时，转出方才能按照金融资产转移的情形进行后续分析及处理，否则，被转移金融资产应予以继续确认：

（1）企业（转出方）只有从该金融资产收到对等的现金流量

时，才有义务将其支付给最终收款方。

在有的资产证券化等业务中，如发生由于被转移金融资产的实际收款日期与向最终收款方付款的日期不同而导致款项缺口的情况，转出方需要提供短期垫付款项。在这种情况下，当且仅当转出方有权全额收回该短期垫付款并按照市场利率就该垫款计收利息，方能视同满足这一条件。在有转出方短期垫付安排的资产证券化业务中，如果转出方收回该垫款的权利仅优先于次级资产支持证券持有人、但劣后于优先级资产支持证券持有人，或者转出方不计收利息的，均不能满足这一条件。

例如，在一项资产证券化交易中，按照交易协议规定，转出方在设立结构化主体时需要向结构化主体提供现金或其他资产以建立流动性储备，确保在收取基础资产款项发生延误时能够向资产证券化产品的持有者按协议规定付款，被动用的流动性储备只能通过提留基础资产后续产生的现金流量的方式收回。假设转出方合并该结构化主体，在该种情况下，由于转出方出资设立了流动性储备（即提供了垫付款项），在发生收款延误时，转出方有义务向最终收款方支付尚未从基础资产收取的款项，且如果出现基础资产后续产生的现金流量不足的情况转出方没有收回权，导致该交易不满足上述"转出方只有从该金融资产收到对等的现金流量时，才有义务将其支付给最终收款方"的条件。类似地，如果资产证券化协议规定转出方承担或转出方实际承担了在需要时向结构化主体提供现金借款的确定承诺，且该借款只能通过提留基础资产后续产生的现金流的方式收回，则该资产证券化交易也不满足本条件。

如果结构化主体的流动性储备不是由转出方预提或承诺提供的，而是来自基础资产产生的现金流量或者由资产支持证券的第三方次级权益持有者提供，且转出方不控制（即不需合并）该结构化主体，由于转出方没有向结构化主体（即转入方）支付从被转移金融资产取得的现金流量以外的其他现金流量,这种流动性储备安排满足本条件的情形。

(2)转让合同规定禁止企业(转出方)出售或抵押该金融资产,但企业可以将其作为向最终收款方支付现金流量义务的保证。

企业不能出售该项金融资产,也不能以该项金融资产作为质押品对外进行担保,意味着转出方不再拥有出售或处置被转移金融资产的权利。但是,由于企业负有向最终收款方支付该项金融资产所产生的现金流量的义务,该项金融资产可以作为企业如期向最终收款方支付现金流量的保证。

(3)企业(转出方)有义务将代表最终收款方收取的所有现金流量及时划转给最终收款方,且无重大延误。企业无权将该现金流量进行再投资。但是,如果企业在收款日和最终收款方要求的划转日之间的短暂结算期内将代为收取的现金流量进行现金或现金等价物投资,并且按照合同约定将此类投资的收益支付给最终收款方,则视同满足本条件。

这一条件不仅对转出方在收款日至向最终收款方支付日的短暂结算期间内将收取的现金流量再投资作出了限制,而且将转出方为了最终收款人利益而进行的投资严格地限定为现金或现金等价物投资。在这种情况下,现金和现金等价物应当符合《企业会计准则第31号——现金流量表》中的定义,而且不允许转出方在这些现金或现金等价物投资中保留任何投资收益,所有的投资收益必须支付给最终收款方。例如,如果按照某过手安排,合同条款允许企业将代最终收款方收取的现金流量投资于不满足现金和现金等价物定义的某些理财产品或货币市场基金等产品,则该过手安排不满足本条件,进而不能按照金融资产转移进行后续判断和会计处理。此外,在通常情况下,如果根据合同条款,企业自代为收取现金流量之日起至最终划转给最终收款方的期间超过三个月,则视为有重大延误，进而该过手安排不满足本条件，因此不构成金融资产转移。

（五）分析所转移金融资产的风险和报酬转移情况

企业转移收取现金流量的合同权利或者通过符合条件的过手安排方式转移金融资产的，应根据本准则规定进一步对被转移金融资产进行风险和报酬转移分析，以判断是否应终止确认被转移金融资产。

本准则规定，企业在判断金融资产转移是否导致金融资产终止确认时，应当评估其在多大程度上保留了金融资产所有权上的风险和报酬，即比较其在转移前后所承担的、该金融资产未来净现金流量金额及其时间分布变动的风险，并分别以下情形进行处理：

1. 企业转移了金融资产所有权上几乎所有风险和报酬的，应当终止确认该金融资产，并将转移中产生或保留的权利和义务单独确认为资产或负债。

金融资产转移后，企业承担的金融资产未来净现金流量现值变动的风险与转移前金融资产未来净现金流量现值变动的风险相比不再显著的，表明该企业已经转移了金融资产所有权上几乎所有风险和报酬。

需要注意的是，金融资产转移后企业承担的未来净现金流量现值变动的风险占转移前变动风险的比例，并不等同于企业保留的现金流量金额占全部现金流量的比例。例如，在一项资产证券化交易中，次级资产支持证券的份额占全部资产支持证券的5%，转出方持有全部次级资产支持证券，这并不意味着转出方仅保留金融资产5%的风险和报酬。实际上，次级资产支持证券向优先级资产支持证券提供了信用增级，而使得基础资产未来现金流量在优先级和次级之间不再是完全成比例分配，因此，转移后企业承担的次级资产支持证券对应的未来净现金流量现值变动的风险可能远大于转移前全部变动风险的5%。

关于这里所指的"几乎所有风险和报酬",企业应当根据金融资产的具体特征作出判断。需要考虑的风险类型通常包括利率风险、信用风险、外汇风险、逾期未付风险、提前偿付风险(或报酬)、权益价格风险等。

在通常情况下,通过分析金融资产转移协议中的条款,企业就可以比较容易地确定是否转移或保留了金融资产所有权上几乎所有的风险和报酬,而不需要通过计算确定。以下情形表明企业已将金融资产所有权上几乎所有的风险和报酬转移给了转入方:

(1)企业无条件出售金融资产。企业出售金融资产时,如果根据与购买方之间的协议约定,在任何时候(包括所出售金融资产的现金流量逾期未收回时)购买方均不能够向企业进行追偿,企业也不承担任何未来损失,此时,企业可以认定几乎所有的风险和报酬已经转移,应当终止确认该金融资产。

例如,某银行向某资产管理公司出售了一组贷款,双方约定,在出售后银行不再承担该组贷款的任何风险,该组贷款发生的所有损失均由资产管理公司承担,资产管理公司不能因该组已出售贷款的包括逾期未付在内的任何未来损失向银行要求补偿。在这种情况下,银行已经将该组贷款上几乎所有的风险和报酬转移,可以终止确认该组贷款。

(2)企业出售金融资产,同时约定按回购日该金融资产的公允价值回购。企业通过与购买方签订协议,按一定价格向购买方出售了一项金融资产,同时约定到期日企业再将该金融资产购回,回购价为到期日该金融资产的公允价值。此时,该项金融资产如果发生公允价值变动,其公允价值变动由购买方承担,因此可以认定企业已经转移了该项金融资产所有权上几乎所有的风险和报酬,应当终止确认该金融资产。同样，企业在金融资产转移以后只保留了优先按照回购日公允价值回购该金融资产的权利的，也应当终止确认所转移的金融资产。

【例1】2×18年2月1日，甲公司将其持有的乙上市公司股票转让给丙公司，甲公司与丙公司约定，在4个月后（即6月1日）将按照6月1日乙公司股票的市价回购被转让股票。由于甲公司已经将乙公司股票的所有价值变动风险和报酬转让给丙公司，可以认定甲公司已经转移了该项金融资产所有权上几乎所有的风险和报酬，应当终止确认其转让的乙公司股票。

（3）企业出售金融资产，同时与转入方签订看跌或看涨期权合约，且该看跌或看涨期权为深度价外期权（即到期日之前不大可能变为价内期权），此时可以认定企业已经转移了该项金融资产所有权上几乎所有的风险和报酬，应当终止确认该金融资产。

【例2】2×18年2月1日，甲公司将其持有的面值为100万元的国债转让给丙公司，并向丙公司签发看跌期权，约定在出售后的4个月内，丙公司可以60万元价格将国债卖回给甲公司。由于国债信用等级高、预计未来4个月内市场利率将维持稳定，甲公司分析认为该看跌期权属于深度价外期权。在此情况下，甲公司应终止确认被转让的国债。

企业需要通过计算判断是否转移或保留了金融资产所有权上几乎所有风险和报酬的，在计算金融资产未来现金流量净现值时，应考虑所有合理、可能的现金流量变动，采用适当的市场利率作为折现率，并采用概率加权平均方法。

2. 企业保留了金融资产所有权上几乎所有风险和报酬的，应当继续确认该金融资产。

本准则规定，企业保留了金融资产所有权上几乎所有风险和报酬的，不应当终止确认该金融资产。

与企业转移了金融资产所有权上几乎所有风险和报酬的判断方法相似,企业在判断是否保留了金融资产所有权上几乎所有的风险和报酬时,应当比较其在转移前后面临的该金融资产未来净现金流量金额及其时间分布变动的风险。企业承担的风险没有因金融资产转移发生显著改变的,表明企业仍保留了金融资产所有权上几乎所有的风险和报酬。

以下情形通常表明企业保留了金融资产所有权上几乎所有的风险和报酬:

(1)企业出售金融资产并与转入方签订回购协议,协议规定企业将按照固定价格或是按照原售价加上合理的资金成本向转入方回购原被转移金融资产,或者与售出的金融资产相同或实质上相同的金融资产。例如,采用买断式回购、质押式回购交易卖出债券等。

(2)企业融出证券或进行证券出借。例如,证券公司将自身持有的证券借给客户,合同约定借出期限和出借费率,到期客户需归还相同数量的同种证券,并向证券公司支付出借费用。证券公司保留了融出证券所有权上几乎所有的风险和报酬。因此,证券公司应当继续确认融出的证券。

(3)企业出售金融资产并附有将市场风险敞口转回给企业的总回报互换。在附总回报互换的金融资产出售中,企业出售了一项金融资产,并与转入方达成一项总回报互换协议,如转入方将该资产实际产生的现金流量支付给企业以换取固定付款额或浮动利率付款额,该项资产公允价值的所有增减变动由企业(转出方)承担,从而使企业保留了该金融资产所有权上几乎所有的风险和报酬。在这种情况下,企业应当继续确认所出售的金融资产。

(4)企业出售短期应收款项或信贷资产,并且全额补偿转入方可能因被转移金融资产发生的信用损失。企业将短期应收款项或信贷资产整体出售,符合金融资产转移的条件。但由于企业出售金融资产时做出承诺,当已转移的金融资产将来发生信用损失时,由企业(出售方)进行全额补偿。在这种情况下,企业保留了该金融资产所有权上几乎所有的风险和报酬,因此不应当终止确认所出售的金融资产。这种情形经常出现在资产证券化实务中。例如,企业通过持有次级权益或承诺对特定现金流量担保,实现了对证券化资产的信用增级。如果通过这种信用增级,企业保留了被转移资产所有权上几乎所有的风险和报酬,那么企业就不应当终止确认该金融资产。

(5)企业出售金融资产,同时与转入方签订看跌或看涨期权合约,且该看跌期权或看涨期权为一项价内期权。例如,企业出售某金融资产但同时持有深度价内的看涨期权(即到期日之前不大可能变为价外期权),或者企业出售金融资产而转入方有权通过同时签订的深度价内看跌期权在以后将该金融资产回售给企业。在这两种情况下,由于企业都保留了该项金融资产所有权上几乎所有的风险和报酬,因此不应当终止确认该金融资产。

(6)采用附追索权方式出售金融资产。企业出售金融资产时,如果根据与购买方之间的协议约定,在所出售金融资产的现金流量无法收回时,购买方能够向企业进行追偿,企业也应承担未来损失。此时,可以认定企业保留了该金融资产所有权上几乎所有的风险和报酬,不应当终止确认该金融资产。

3. 企业既没有转移也没有保留金融资产所有权上几乎所有的风险和报酬的,应当判断其是否保留了对金融资产的控制,根据是否保留了控制分别进行处理。

实务中,可通过分析金融资产转移协议中的条款和现金流量分布实际情况(例如将超额服务费等纳入考虑),计算确定金融资产转移前后所承担的未来现金流量现值变动情况,且实践中存在多种可行的计算方法,以下举例说明了两种常用的方法。企业可以根据具体情况选用合适的计算方法并在附注中进行说明,计算方法一经确定,不得随意变更。

【例3】 甲公司向不存在关联方关系的乙公司出售剩余期限为30天、总金额为100万元人民币的短期应收账款组合。根据历史经验,此类应收账款的平均损失率为2%。假设甲公司承诺为应收账款组合最先发生的、不超过应收款总金额1.25%损失的部分提供担保,且该交易被认定为金融资产转移。

分析:

为了判断其保留的该短期应收账款组合所有权上的风险和报酬的程度,甲公司对应收账款组合的未来现金流量设定了6种不同的合理且可能发生的假设情景进行分析,估计每种情景下的现金流量现值和发生概率,甲公司采用现值变动的绝对值与发生概率的乘积来衡量风险变动程度,计算得出转移前甲公司面临该应收账款组合的现金流量变动总额,即未来现金流量现值预计变动敞口,如表1所示。

表1　　　　　　　　　　　　　　　　　　　　　　　　　　单位:元

假设情景	未来现金流量现值 ①	发生概率 ②	概率加权 ③=①×②	假设情景下的现值变动 ④=①-∑③	现值变动概率加权 ⑤=②×④	预计变动 ⑥
低损失	990 000	15.0%	148 500	11 050	1 658	1 658
正常损失和少量提前还款	985 000	20.0%	197 000	6 050	1 210	1 210
正常损失	980 000	35.0%	343 000	1 050	368	368
正常损失和大量提前还款	970 000	25.0%	242 500	-8 950	-2 238	2 238
严重损失	960 000	4.5%	43 200	-18 950	-853	853
非常严重损失	950 000	0.5%	4 750	-28 950	-145	145
合计		100%	978 950	-38 700	—	6 472

四、关于金融资产终止确认的判断流程

采用类似的方法可以计算出转移后甲公司面临该应收账款组合的预期现金流量变动情况，如表2所示。

表2   单位：元

假设情景	未来现金流量现值 ①	发生概率 ②	概率加权 ③＝①×②	假设情景下的现值变动 ④＝①－∑③	现值变动概率加权 ⑤＝②×④	预计变动 ⑥
低损失	10 000	15.0%	1 500	－2 125	－319	319
正常损失和少量提前还款	12 500	20.0%	2 500	375	75	75
正常损失	12 500	35.0%	4 375	375	131	131
正常损失和大量提前还款	12 500	25.0%	3 125	375	94	94
严重损失	12 500	4.5%	563	375	17	17
非常严重损失	12 500	0.5%	62	375	2	2
合计		100%	12 125	－250	—	638

结论：

根据上述计算，转移后甲公司承受的相对变动为 638÷6 472＝9.86%，表明甲公司已经转移了该应收账款组合所有权上几乎所有的风险和报酬，应当终止确认该应收账款组合。

【例4】甲银行持有一组类似的可提前偿还的固定利率贷款，2×18年1月1日该组贷款的本金和摊余成本均为1亿元人民币，合同利率和实际利率均为10%，剩余偿还期限为2年。经协商，甲银行拟将该组贷款转移给某信托机构（以下简称转入方）进行证券化。有关资料如下：

2×18年1月1日，甲银行与转入方签订协议，将该组贷款转移给转入方，并办理有关手续。甲银行收到款项9 115万元人民币，同时保留以下权利：（1）收取本金1 000万元人民币以及这部分本金按10%的利率所计算确定利息的权利；（2）收取以9 000万元人

民币为本金、以0.5%为利率所计算确定利息（超额利差账户）的权利。转入方取得收取该组贷款本金中的9 000万元人民币以及这部分本金按9.5%的利率收取利息的权利。根据双方签订的协议，如果债务人提前偿付该组贷款，则偿付金额按1:9的比例在甲银行和转入方之间进行分配；但是，如该组贷款发生违约，则违约金额从甲银行拥有的1 000万元人民币贷款本金中扣除，直到扣完为止。

分析：

该交易不满足本准则第四条判断将终止确认的规定适用于金融资产部分的条件，因此应对金融资产整体适用相关规定。假设该交易可以被认定为金融资产转移，为了判断甲银行保留的该组贷款所有权上的风险和报酬的程度，甲银行对该组贷款的未来现金流量设定了4种不同的假设情景进行分析，估计每种情景下的现金流量金额和发生概率，并采用8.5%的折现率进行折现，如表3所示。

表3   单位：万元

假设情景		合计	转入方	甲银行
情形1：所有贷款被立刻提前偿还且没有违约，发生概率20%	2×18年1月1日未折现的预计现金流量	10 000	9 000	1 000
	现金流量净现值合计	10 000	9 000	1 000
情形2：所有贷款在1年后被提前偿还且没有违约，发生概率30%	2×18年1月1日未折现的预计现金流量	—	—	—
	2×19年1月1日未折现的预计现金流量	11 000	9 855	1 145
	现金流量净现值合计	10 138	9 083	1 055
情形3：所有贷款在2年后到期日被偿还且没有违约，发生概率30%	2×18年1月1日未折现的预计现金流量	—	—	—
	2×19年1月1日未折现的预计现金流量	1 000	855	145
	2×20年1月1日未折现的预计现金流量	11 000	9 855	1 145
	现金流量净现值合计	10 265	9 159	1 106

四、关于金融资产终止确认的判断流程

续表

假设情景		合计	转入方	甲银行
情形4：所有贷款在1年后违约，处置后收回现金10 741万元，发生概率20%	2×18年1月1日未折现的预计现金流量	—	—	—
	2×19年1月1日未折现的预计现金流量	10 741	9 855	886
	现金流量净现值合计	9 900	9 083	817

甲银行采用现值变动的标准差来衡量风险和报酬的变动程度，计算得出转移前甲银行面临该组贷款的现金流量变动总额，即未来现金流量现值变动敞口，如表4所示。用现值变动概率加权合计18 600的平方根衡量转移前甲银行承担的该组贷款的风险敞口为136万元。

表4
单位：万元

假设情景	未来现金流量现值	发生概率	概率加权	现值变动	现值变动概率加权
	①	②	③=①×②	④=①-∑③	⑤=④^2×②
情形1	10 000	20%	2 000	−101	2 040
情形2	10 138	30%	3 041	37	410
情形3	10 265	30%	3 080	164	8 069
情形4	9 900	20%	1 980	−201	8 081
合计		100%	10 101		18 600

甲银行采用相同的方法计算得出转移后甲银行面临该组贷款的未来现金流量现值变动敞口，如表5所示。用现值变动概率加权合计10 839的平方根衡量转移后甲银行承担的该组贷款的风险敞口为104万元。

表5　　　　　　　　　　　　　　　　　　　　　　　　　单位：万元

假设情景	未来现金流量现值 ①	发生概率 ②	概率加权 ③=①×②	假设情景下的现值变动 ④=①-∑③	现值变动概率加权 ⑤=④²×②
情形1	1 000	20%	200	-12	29
情形2	1 055	30%	317	43	554
情形3	1 106	30%	332	94	2 651
情形4	817	20%	163	-195	7 605
合计		100%	1 012		10 839

结论：

比较转移前后甲银行承担的该组贷款的风险敞口的变动情况（104÷136=76%），甲银行认为其既没有转移也没有保留该组贷款所有权上几乎所有风险和报酬，应当进一步判断其是否保留了对金融资产的控制来确定是否应终止确认该组贷款。

（六）分析企业是否保留了控制

若企业既没有转移也没有保留金融资产所有权上几乎所有的风险和报酬，按照本准则规定，应当判断企业是否保留了对该金融资产的控制。如果没有保留对该金融资产的控制的，应当终止确认该金融资产。

本准则此处所述的"控制"概念，与《企业会计准则第33号——合并财务报表》中的"控制"概念相比，在适用场景和判断条件上都有所不同。《企业会计准则第33号——合并财务报表》中的控制是指投资方拥有对被投资方的权力，通过参与被投资方的相关活动而享有可变回报，并且有能力运用对被投资方的权力影响其回报金额。按照本准则规定，企业在判断是否保留了对被转移金融资产的控制时，应当重点关注转入方出售被转移金融资产的实际能力。如果转入方有实际能力单方面决定将转入的金融资产整体出售给与其不相关的第三方，且没有额外条件对此项出售加以限制，则表明企业作为转出方未保留对被转移金融资产的控制；在除此之外的其他情况下，则应视为企业保留了对金融资产的控制。

在判断转入方是否具有将转入的金融资产不受额外条件限制地整体出售给与其不相关的第三方的实际能力时，应当关注转入方实际上能够采取的行动。即转入方实际上能够做什么，而不是合同规定转入方可以做什么或不可以做什么。企业在运用上述原则进行判断时，应当遵循以下要求：

1. 如果不存在被转移资产的市场，则处置被转移资产的合同权利几乎没有实际作用。

2. 如果转入方不能自由地处置被转移金融资产，则处置该资产的能力几乎没有实际作用。这意味着转入方处置被转移资产的能力必须独立于其他人的行为，是一种可单方面行动的能力，并且转入方应当在没有任何限制条件或约束（例如规定如何为被转移资产提供服务或赋予转入方回购该资产的选择权）的情况下即能够处置被转移资产。

根据上述要求，在评估转入方处置被转移金融资产的实际能力时，企业（转出方）应当关注被转移金融资产的市场。如果被转移金融资产可以在活跃市场交易，通常表明转入方有出售被转移资产的实际能力，因为当转入方需要将被转移金融资产交还给企业时，它能够在市场上回购该被转移金融资产。例如，企业转让了一项上市公司股票，该转让附带有允许企业在未来某个日期从转入方回购该公司股票的期权。假设该股票存在活跃市场，则转入方可以自行向第三方出售该股票，当企业行使期权时，转入方可以方便地在市场上买回该股票履行义务。相应地，如果不存在被转移金融资产的市场，即使合同约定转入方有权处置被转移金融资产，由于该处置权不具有实际作用，因此不能判断为转出方未保留对被转移金融资产的控制。再如，一般认为，在我国现行法规环境下不良信贷资产转入方可能没有实际能力在市场上方便地处置被转移不良信贷资产。

虽然转入方不大可能出售被转移资产并不意味着企业（转出方）保留了对被转移资产的控制，但是若在金融资产转移时附有一项限制了转入方处置该金融资产的看跌期权或者担保，则意味着企业保留了对被转移资产的控制。例如，企业转移金融资产时附有一项深度价内看跌期权，这意味着该资产当前的市场价格显著低于行权价，转入方不可能放弃行权而以市场价格将资产出售给第三方。若转入方以不低于行权价的价格将资产出售，则第三方将会要求转入方签发类似的看跌期权。

上述情况下，转入方实际上无法在不附加类似看跌期权或其他限制性条款的情况下出售该金融资产，因此，企业保留了对该金融资产的控制。

企业既没有转移也没有保留金融资产所有权上几乎所有的风险和报酬，且未放弃对该金融资产控制的，应当按照其继续涉入被转移金融资产的程度确认有关金融资产，并相应确认有关负债。在这种情况下确认的有关金融资产和有关负债反映了企业所承担的被转移金融资产价值变动风险或报酬的程度。导致转出方对被转移金融资产形成继续涉入的常见方式有：具有追索权，享有继续服务权，签订回购协议，签发或持有期权或提供担保等。

如果企业对金融资产的继续涉入仅限于金融资产的一部分，例如，企业持有回购一部分被转移金融资产的看涨期权，或者企业保留了某项剩余权益但并未导致企业保留所有权上几乎所有的风险和报酬，且企业保留了控制权，则企业应当按照转移日因继续涉入而继续确认部分和不再确认部分的相对公允价值，在两者之间分配金融资产的原账面价值,并按其继续涉入被转移金融资产的部分确认有关金融资产,并相应确认有关负债。

按照上述流程,可将金融资产转移时的终止确认情况总结为表6。

表6

情　形		结　果
已转移金融资产所有权上几乎所有的风险和报酬		终止确认该金融资产(确认新资产/负债)
既没有转移也没有保留金融资产所有权上几乎所有的风险和报酬	放弃了对金融资产的控制	
	未放弃对金融资产的控制	按照继续涉入被转移金融资产的程度确认有关资产和负债
保留了金融资产所有权上几乎所有的风险和报酬		继续确认该金融资产,并将收到的对价确认为金融负债

企业认定金融资产所有权上几乎所有风险和报酬已经转移的,除非企业在新的交易中重新获得被转移金融资产,不应当在未来期间再次确认该金融资产。

在金融资产转移不满足终止确认条件的情况下,转入方不应当将被转移金融资产全部或部分确认为自身资产。转入方应当终止确认所支付的现金或其他对价,同时确认一项对转出方的应收款项。企业(转出方)同时拥有以固定金额重新控制整个被转移金融资产的权利和义务的(如以固定金额回购被转移金融资产),在满足《企业会计准则第22号——金融工具确认和计量》关于摊余成本计量规定的情况下,转入方可以将该应收款项以摊余成本计量。

(七)流程图

上述金融资产终止确认判断流程可总结为图1:

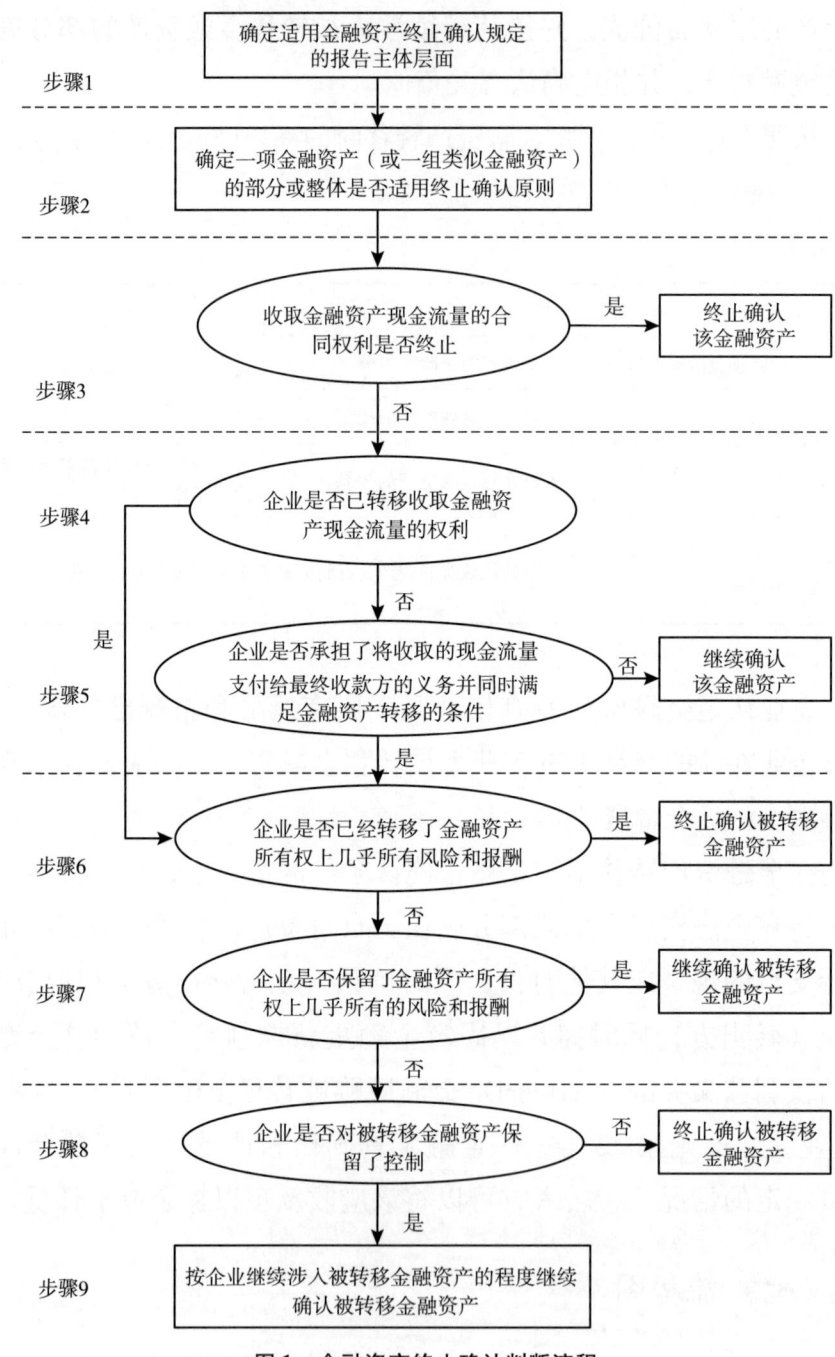

图 1　金融资产终止确认判断流程

五、关于满足终止确认条件的金融资产转移的会计处理

对于满足终止确认条件的金融资产转移，企业应当按照被转移的金融资产是金融资产的整体还是金融资产的一部分，分别按照以下方式进行会计处理：

（一）金融资产整体转移的会计处理

金融资产整体转移满足终止确认条件的，应当将下列两项金额的差额计入当期损益：

1. 被转移金融资产在终止确认日的账面价值。
2. 因转移金融资产而收到的对价，与原直接计入其他综合收益的公允价值变动累计额（涉及转移的金融资产为根据《企业会计准则第22号——金融工具确认和计量》第十八条分类为以公允价值计量且其变动计入其他综合收益的金融资产的情形）之和。

当企业在转移贷款及应收款项等金融资产时，有时会对被转移的金融资产继续提供管理服务。例如，商业银行在进行资产证券化业务而将信贷资产转移给结构化的信托时，常常与对方签订服务合同，担任贷款服务机构。作为贷款服务商，该商业银行可能收取一定的服务费并发生一定的成本。如果企业在符合终止确认条件的转移中转移了一项金融资产整体，但保留了向该金融资产提供收费服务的权利，则企业应当就该服务合同确认一项服务资产或一项服务负债。如果企业将收取的费用预计不能充分补偿企业所提供的服务，则应当按公允价值确认该服务义务形成的一项服务负债。如果将收取的费用预计超过对服务的充分补偿，则应当将该服务权利确认为一项服务资产，确认的金额应根据本准则第十五条的规定确定，即将保留的服务资产视同继续确认的部分，将该金融资产的原账面价

值按照转移日继续确认部分和终止确认部分的相对公允价值分配给继续确认部分。

企业可能保留了收取被转移资产部分利息的权利,作为对其提供服务的补偿。企业在服务合同终止或转移时所放弃的那部分利息,应分配计入服务资产或服务负债。企业未放弃的那部分利息相当于一项仅含利息的剥离应收款。例如,如果企业在服务合同终止或转移时不放弃任何利息,那么整个息差就是一项仅含利息的剥离应收款。当企业将应收款项账面价值在终止确认部分和继续确认部分之间进行分配时,应考虑上述服务资产的公允价值和仅含利息的剥离应收款的公允价值。

具体计算公式如下:

金融资产整体转移形成的损益=因转移收到的对价-所转移金融资产账面价值+/-原直接计入其他综合收益的公允价值变动累计利得(或损失)

因转移收到的对价=因转移交易实际收到的价款+新获得金融资产的公允价值+因转移获得的服务资产的公允价值-新承担金融负债的公允价值-因转移承担的服务负债的公允价值

【例5】2×18年1月20日,甲银行与乙资产管理公司签订协议,甲银行将100笔贷款打包出售给乙资产管理公司。该组贷款总金额为8 000万元人民币,原已计提减值准备为1 200万元人民币,双方协议转让价为6 000万元人民币,转让后甲银行不再保留任何权利和义务。2×18年2月20日,甲银行收到该批贷款出售款项。

分析:本例中,由于甲银行将贷款转让后不再保留任何权利和义务,因此可以判断,贷款所有权上的风险和报酬已经全部转移给乙公司,甲银行应当终止确认该组贷款。甲银行应作如下账务处理:

五、关于满足终止确认条件的金融资产转移的会计处理

借：存放中央银行款项　　　　　　60 000 000
　　贷款损失准备　　　　　　　　12 000 000
　　贷款处置损益*　　　　　　　　 8 000 000
　　贷：贷款　　　　　　　　　　　　　　80 000 000

*本例中，甲银行使用"贷款处置损益"科目核算转让贷款实现的损益。实务中，如果此类业务发生不频繁，企业也可在"投资收益"科目核算此类损益。

对于按照《企业会计准则第22号——金融工具确认和计量》第十八条分类为以公允价值计量且其变动计入其他综合收益的金融资产（债务工具投资）整体转移满足终止确认条件的，企业在计量该项转移形成的损益时，应当将原计入其他综合收益的公允价值变动累计利得或损失转出（注意不适用于根据该准则第十九条指定为以公允价值计量且其变动计入其他综合收益的非交易性权益工具投资）。

【例6】2×17年1月1日，甲公司将持有的乙公司发行的10年期公司债券出售给丙公司，经协商出售价格为311万元人民币，2×16年12月31日该债券公允价值为310万元人民币。该债券于2×16年1月1日发行，甲公司持有该债券时将其分类为以公允价值计量且其变动计入其他综合收益的金融资产，面值（取得成本）为300万元人民币。

本例中，假设甲公司和丙公司在出售协议中约定，出售后该公司债券发生的所有损失均由丙公司自行承担，甲公司已将债券所有权上的几乎所有风险和报酬转移给丙公司，因此，应当终止确认该金融资产。

根据上述资料，首先应确定出售日该笔债券的账面价值。由于资产负债表日（即2×16年12月31日）该债券的公允价值为310万元人民币，而且该债券属于以公允价值计量且其变动计入其他综

合收益的金融资产,因此出售日该债券账面价值为310万元人民币。

其次,应确定已计入其他综合收益的公允价值累计变动额。2×16年12月31日甲公司计入其他综合收益的利得为10万元(310-300)人民币。

最后,确定甲公司出售该债券形成的损益。按照金融资产整体转移形成的损益的计算公式计算,出售该债券形成的收益为11万元(311-310+10)(包含因终止确认而从其他综合收益中转出至当期损益的10万元)。

甲公司出售该公司债券业务应作如下账务处理:

借:银行存款　　　　　　　　　　　　　3 110 000
　　贷:其他债权投资　　　　　　　　　　　3 100 000
　　　　投资收益　　　　　　　　　　　　　　10 000

同时,将原计入其他综合收益的公允价值变动转出:

借:其他综合收益——公允价值变动　　　100 000
　　贷:投资收益　　　　　　　　　　　　　　100 000

因金融资产转移获得了新金融资产或服务资产,或承担了新金融负债或服务负债的,应当在转移日按照公允价值确认该新金融资产或服务资产、金融负债或服务负债,并将该新金融资产和服务资产扣除新金融负债及服务负债后的净额作为对价的组成部分。新获得的金融资产或新承担的金融负债,通常包括看涨期权、看跌期权、担保负债、远期合同、互换等。

【例7】沿用[例6]资料,甲公司将债券出售给丙公司时,同时签订了一项看涨期权合约,期权行权日为2×17年12月31日,行权价为400万元人民币,期权的公允价值为1万元人民币,且假定该看涨期权为深度价外期权。其他条件不变。

分析:本例中,转出方持有的看涨期权属于深度价外期权,即预计该期权在行权日之前不太可能变为价内期权。所以,在转让日,可以判定债券所有权上的几乎所有风险和报酬已经转移给丙公司，甲公司应当终止确认该债券。但同时，由于签订了看涨期权合约，获得了一项新的资产，应当按照在转让日的公允价值（1万元）确认该期权。

甲公司出售该债券业务应作如下账务处理：

借：银行存款　　　　　　　　　　　　3 110 000
　　衍生工具　　　　　　　　　　　　　　10 000
　　贷：其他债权投资　　　　　　　　3 100 000
　　　　投资收益　　　　　　　　　　　　20 000

同时，将原计入其他综合收益的公允价值变动转出：

借：其他综合收益——公允价值变动　　　100 000
　　贷：投资收益　　　　　　　　　　　100 000

（二）金融资产部分转移的会计处理

本准则规定，企业转移了金融资产的一部分，且该被转移部分满足终止确认条件的，应当将转移前金融资产整体的账面价值，在终止确认部分和继续确认部分（在此种情形下，所保留的服务资产应当视同继续确认金融资产的一部分）之间，按照转移日各自的相对公允价值进行分摊，并将下列两项金额的差额计入当期损益：

1. 终止确认部分在终止确认日的账面价值。

2. 终止确认部分收到的对价（包括获得的所有新资产减去承担的所有新负债），与原计入其他综合收益的公允价值变动累计额中对应终止确认部分的金额（涉及部分转移的金融资产为根据《企业会计准则第22号——金融工具确认和计量》第十八条分类为以公允价值计量且其变动计入其他综合收益的金融资产的情形）之和。

企业在确定继续确认部分的公允价值时，应当遵循下列规定：
（1）企业出售过与继续确认部分类似的金融资产，或继续确认部分存在其他市场交易的,近期实际交易价格可作为其公允价值的最佳估计。(2)继续确认部分没有报价或近期没有市场交易的,其公允价值的最佳估计为转移前金融资产整体的公允价值扣除终止确认部分的对价后的差额。在计量终止确认部分和继续确认部分的公允价值时,除适用上述规定外,企业还应适用《企业会计准则第39号——公允价值计量》相关规定。

六、关于继续确认被转移金融资产的会计处理

企业保留了被转移金融资产所有权上几乎所有的风险和报酬的，表明企业所转移的金融资产不满足终止确认的条件，不应当将其从企业的资产负债表中转出。此时，企业应当继续确认所转移的金融资产整体，因资产转移而收到的对价，应当在收到时确认为一项金融负债。需要注意的是，该金融负债与被转移金融资产应当分别确认和计量，不得相互抵销。在后续会计期间，企业应当继续确认该金融资产产生的收入或利得以及该金融负债产生的费用或损失。

【例8】2×18年4月1日，甲公司将其持有的一笔国债出售给丙公司，售价为20万元人民币。同时，甲公司与丙公司签订了一项回购协议，3个月后由甲公司将该笔国债购回，回购价为20.175万元。2×18年7月1日，甲公司将该笔国债购回。不考虑其他因素，甲公司应作如下账务处理：

（1）判断应否终止确认。

由于此项出售属于附回购协议的金融资产出售，到期后甲公司应按固定价格将该笔国债购回，因此可以判断，甲公司保留了该笔国债几乎所有的风险和报酬，不应终止确认，该笔国债应按转移前的计量方法继续进行后续计量。

（2）2×18年4月1日，甲公司出售该笔国债时：

借：银行存款　　　　　　　　　　　　200 000
　　贷：卖出回购金融资产款　　　　　　　　200 000

（3）2×18年6月30日，甲公司应按根据未来回购价款计算的该卖出回购金融资产款的实际利率计算并确认有关利息费用，计算得出该卖出回购金融资产的实际利率为3.5%。

卖出回购国债的利息费用 = 200 000 × 3.5% × 3/12 = 1 750（元）

借:利息支出 1 750
　　贷:卖出回购金融资产款 1 750

(4) 2×18年7月1日,甲公司回购时:

借:卖出回购金融资产款 201 750
　　贷:银行存款 201 750

该笔国债与该笔卖出回购金融资产款在资产负债表上不应抵销;该笔国债确认的收益,与该笔卖出回购金融资产款产生的利息支出在利润表中不应抵销。

七、关于继续涉入被转移金融资产的会计处理

企业既没有转移也没有保留金融资产所有权上几乎所有风险和报酬，且保留了对该金融资产控制的，应当按照其继续涉入被转移金融资产的程度继续确认该被转移金融资产，并相应确认相关负债。企业所确认的被转移的金融资产和相关负债，应当反映企业所保留的权利和承担的义务。

企业应当对因继续涉入被转移金融资产形成的有关资产确认相关收益，对继续涉入形成的有关负债确认相关费用。按继续涉入程度继续确认的被转移金融资产应根据所转移金融资产的原性质及其分类，继续列报于资产负债表中的贷款、应收款项等。相关负债应当根据被转移的资产是按公允价值计量还是摊余成本计量予以计量，使得被转移资产和相关负债的账面价值：（1）被转移的金融资产以摊余成本计量的，等于企业保留的权利和义务的摊余成本；（2）被转移金融资产以公允价值计量的，等于企业保留的权利和义务按独立基础计量的公允价值。如果所转移的金融资产以摊余成本计量，确认的相关负债不得指定为以公允价值计量且其变动计入当期损益。

（一）通过对被转移金融资产提供担保方式继续涉入被转移金融资产

企业通过对被转移金融资产提供担保方式继续涉入的，应当在转移日按照金融资产的账面价值和担保金额两者之中的较低者，按继续涉入的程度继续确认被转移资产，同时按照担保金额和担保合同的公允价值之和确认相关负债。这里的担保金额，是指企业所收到的对价中，将可能被要求偿还的最高金额。担保合同的公允价值，

通常是指提供担保而收取的费用。

【例9】甲银行与乙银行签订一笔贷款转让协议,由甲银行将其本金为1 000万元、年利率为10%、贷款期限为9年的组合贷款出售给乙银行,售价为990万元。双方约定,由甲银行为该笔贷款提供担保,担保金额为300万元,实际贷款损失超过担保金额的部分由乙银行承担。转移日,该笔贷款(包括担保)的公允价值为1 000万元,其中,担保的公允价值为100万元。甲银行没有保留对该笔贷款的管理服务权。

分析:在本例中,由于甲银行既没有转移也没有保留该笔组合贷款所有权上几乎所有的风险和报酬,而且假设该贷款没有市场,乙银行不具备出售该笔贷款的实际能力,导致甲银行保留了对该笔贷款的控制,所以应当按照甲银行继续涉入被转移金融资产的程度继续确认该被转移金融资产,并相应确认相关负债。

由于转移日该笔贷款的账面价值为1 000万元,提供的担保金额为300万元,甲银行应当按照300万元继续确认该笔贷款。由于担保合同的公允价值为100万元,所以甲银行确认相关负债金额为400万元(300+100)。因此,转移日甲银行应作以下账务处理:

借:存放中央银行款项　　　　　　　　　9 900 000
　　继续涉入资产　　　　　　　　　　　3 000 000
　　贷款处置损益　　　　　　　　　　　1 100 000
　贷:贷款　　　　　　　　　　　　　　10 000 000
　　　继续涉入负债　　　　　　　　　　　4 000 000

【例10】甲公司(转出方)持有一组应收账款,该组应收账款的合同到期日为2×18年6月30日,账面价值500万元。2×18年1月1日,甲公司和乙公司签订了保理协议,将该组应收账款转让给乙公司,转让价格为490万元。该交易中,甲公司保留了最高

30日的迟付风险。若应收账款逾期30日，则认定为违约，乙公司将向其他信用保险公司（与甲公司不相关）索偿。甲公司需要为该迟付风险按实际迟付天数（不超过30日）支付年化6%的费率。迟付风险担保的公允价值为2万元。除了迟付风险，甲公司没有保留任何信用风险或利率风险，也不承担应收账款相关的服务。该组应收账款没有交易市场。

在本例中，甲公司保留了迟付风险，但转移了其他风险。根据测算，甲公司既未转移也未保留该组应收账款所有权上几乎所有风险和报酬。由于该组应收账款没有市场，乙公司没有出售被转移资产的实际能力，甲公司保留了对该组应收账款的控制。因此，甲公司继续涉入该组被转移的应收账款。

分析：

甲公司应按以下金额中孰低确认对被转移资产的继续涉入程度：

（1）被转移资产的账面价值500万元。

（2）甲公司被要求返还的因转移已收取对价中的最大金额，即担保金额2.5万元（500×30/360×6%）。

甲公司已担保金额2.5万元加上担保的公允价值2万元之和为4.5万元。甲公司以此初始计量相关负债。相关账务处理如下：

借：银行存款　　　　　　　　　　　　　4 900 000
　　继续涉入资产　　　　　　　　　　　　　25 000
　　贷款处置损益　　　　　　　　　　　　 120 000
　　贷：应收账款　　　　　　　　　　　　5 000 000
　　　　继续涉入负债　　　　　　　　　　　 45 000

甲公司后续期间的账务处理：

（1）摊销担保的对价（分期）：

借：继续涉入负债　　　　　　　　　　　　20 000
　　贷：其他业务收入　　　　　　　　　　　20 000

(2) 如果乙公司按时收到所有应收账款,则担保到期失效。随着被转移应收账款的及时付款,甲公司可能被要求返还的最大金额减为零,甲公司在保留迟付风险的后续期间作如下账务处理。

借:继续涉入负债　　　　　　　　　　　　25 000
　　贷:继续涉入资产　　　　　　　　　　　　25 000

(3) 如果发生迟付风险,乙公司要求支付 1.5 万元,甲公司账务处理如下:

借:信用减值损失　　　　　　　　　　　　15 000
　　贷:继续涉入资产　　　　　　　　　　　　15 000

(4) 当甲公司实际支付赔偿时,账务处理如下:

借:继续涉入负债　　　　　　　　　　　　15 000
　　贷:银行存款　　　　　　　　　　　　　　15 000

(二) 因持有看涨期权或签出看跌期权而继续涉入以摊余成本计量的被转移金融资产

企业因持有看涨期权或签出看跌期权而继续涉入被转移金融资产,且该金融资产以摊余成本计量的,应当按照其可能回购的被转移金融资产的金额继续确认被转移金融资产,在转移日按照收到的对价确认相关负债。

后续期间,被转移金融资产在期权到期日的摊余成本和相关负债初始确认金额之间的差额,应当采用实际利率法摊销,计入当期损益;同时,调整相关负债的账面价值。相关期权行权的,应当在行权时,将相关负债的账面价值与行权价格之间的差额计入当期损益。

【例11】乙公司持有一笔账面价值(即摊余成本)为102万元的长期债券投资,该债券在公开市场不能交易且不易获得,乙公司将其分类为以摊余成本计量的金融资产。2×18年1月1日,乙公司以100万元价款将该笔债券出售给丙公司，同时与丙公司签订一项看涨期权合约，行权日为2×19年12月31日，行权价为105万元。行权日该债券的摊余成本为106万元，公允价值为104万元。

分析：本例中，乙公司收取债券未来现金流量（债券本金和利息）的权利没有终止，而将这项权利转移给了丙公司。但是，出售债券所附的看涨期权既不是重大的价内期权也不是重大的价外期权，因此，乙公司既没有转移也没有保留该债券所有权上几乎所有的风险和报酬。同时，因债券没有活跃的市场，丙公司不拥有出售该债券的实际能力，所以乙公司保留了对该债券的控制。因此，乙公司应当按照继续涉入程度确认和计量被转移债券。有关计算和账务处理如下：

2×18年1月1日，乙公司应当确认继续涉入形成的负债的入账价值为100万元。

借：银行存款　　　　　　　　　　　　1 000 000
　　贷：继续涉入负债　　　　　　　　　　　 1 000 000

2×18年1月1日至2×19年12月31日期间，乙公司将该负债与行权日债券的摊余成本之间的差额6万元（106－100），采用实际利率法分期摊销并计入损益，使继续涉入形成的负债在2×19年12月31日的账面价值达到1 060 000元。

与此同时，乙公司继续以摊余成本计量该债券，并且采用实际利率法分期摊销债券行权日的摊余成本与出售日账面价值之间的差额4万元（106－102），使该债券在2×19年12月31日的账面价值达到1 060 000元。

2×19年12月31日，如果乙公司行权：

借：继续涉入负债　　　　　　　　　　1 060 000
　　贷：银行存款　　　　　　　　　　　　 1 050 000
　　　　投资收益　　　　　　　　　　　　　　10 000

如果乙公司不行权：

借：继续涉入负债　　　　　　　　　　　　1 060 000
　　贷：债权投资　　　　　　　　　　　　　　　1 060 000

如果转出方向转入方签出一项看跌期权，其会计处理方法与上例类似。

（三）因持有看涨期权而继续涉入以公允价值计量的被转移金融资产

企业因持有看涨期权而继续涉入以公允价值计量的被转移金融资产的，应当继续按照公允价值计量被转移金融资产，同时按照下列规定计量相关负债：

1. 该期权是价内或平价期权的，应当按照期权的行权价格扣除期权的时间价值后的金额，计量相关负债。

2. 该期权是价外期权的，应当按照被转移金融资产的公允价值扣除期权的时间价值后的金额，计量相关负债。

【例12】2×17年1月1日，甲公司向乙公司出售一项分类为以公允价值计量且其变动计入其他综合收益的债务工具投资，该金融资产初始入账价值80万元，出售日的公允价值为104万元。双方签订了一项甲公司可以于2×18年12月31日以105万元购回该资产的看涨期权合约。上述交易中，乙公司向甲公司支付对价100万元。假定乙公司没有出售该资产的实际能力，即甲公司保留了对该资产的控制。

分析：

在本例中，由于甲公司持有一项看涨期权，使得其既没有转移也没有保留该金融资产所有权上几乎所有的风险和报酬，同时也保留了对该金融资产的控制，因此，应当按照继续涉入程度确认有关金融资产和负债。具体账务处理如下：

(1) 2×17年1月1日，甲公司继续按照公允价值确认该金融资产。其在其他综合收益中累计确认的利得为24万元（104-80）。

由于该看涨期权为价外期权（行权价105万元大于转移日资产的公允价值104万元），内在价值为零，甲公司收到的对价低于该金融资产公允价值的差额4万元（104-100）即为期权的时间价值，因此，继续涉入负债的入账价值为100万元（104-4）。账务处理为：

借：银行存款　　　　　　　　　　　　　　　1 000 000
　　贷：继续涉入负债　　　　　　　　　　　　　　1 000 000

（2）2×17年12月31日，假定资产的公允价值增加为106万元，此时，该期权为价内期权（行权价105＜106），假定其时间价值为2万元。因此，继续涉入负债变为103万元（105-2）。账务处理为：

借：其他债权投资　　　　　　　　　　　　　　20 000
　　其他综合收益　　　　　　　　　　　　　　10 000
　　贷：继续涉入负债　　　　　　　　　　　　　　30 000

（3）2×18年12月31日，假定该金融资产的公允价值未发生变动，甲公司将以价内行权。账务处理为：

借：继续涉入负债　　　　　　　　　　　　　1 030 000
　　其他综合收益　　　　　　　　　　　　　　20 000
　　贷：银行存款　　　　　　　　　　　　　　　1 050 000

假定资产的公允价值降为103万元，此时，甲公司将不会行权，则甲公司将终止确认该金融资产和继续涉入的负债，账务处理为：

借：继续涉入负债　　　　　　　　　　　　　1 030 000
　　其他综合收益　　　　　　　　　　　　　　230 000
　　贷：其他债权投资　　　　　　　　　　　　　1 060 000
　　　　投资收益　　　　　　　　　　　　　　　200 000

(四)因签出看跌期权而继续涉入以公允价值计量的被转移金融资产

企业因签出看跌期权而继续涉入以公允价值计量的被转移金融资产的,应当按照该金融资产的公允价值和该期权行权价格两者的较低者,计量继续涉入形成的资产;同时,按照该期权的行权价格与时间价值之和,计量相关负债。也就是说,如果企业签出的一项看跌期权使其不能终止确认被转移金融资产,则企业仍应按继续涉入的程度继续确认该项资产。由于企业对被转移金融资产公允价值高于期权行权价格的部分不拥有权利,因此,当该金融资产原按照公允价值进行计量时,继续确认该项资产的金额为其公允价值与期权行权价格之间的较低者。

【例13】2×17年12月31日,甲公司向乙公司出售一项分类为以公允价值计量且其变动计入其他综合收益的债务工具投资,该投资初始入账价值80万元,转让日的公允价值为97万元。双方还签订了一项看跌期权协议,约定两年后乙公司可以96万元的价格返售给甲公司。上述交易中,乙公司向甲公司支付对价102万元。假定乙公司没有出售该金融资产的实际能力,即甲公司保留了对该资产的控制。

分析:

本例中,由于甲公司签出一项看跌期权,使得其既没有转移也没有保留该金融资产所有权上几乎所有的风险和报酬,同时保留了对该金融资产的控制,因此,应当按照继续涉入程度确认有关金融资产和负债。具体计算和账务处理如下:

(1)2×17年12月31日,甲公司应当按照该金融资产的公允价值(97万元)和该期权行权价格(96万元)之间的较低者,确认继续涉入形成的资产为96万元。由于看跌期权的时间价值(额外收款额）为5万元（102－97），因此，继续涉入形成负债的入账金额为101万元（96＋5），账务处理为：

  借：银行存款   1 020 000
    贷：继续涉入负债   1 010 000
      其他债权投资   10 000

（2）2×18年12月31日，假定资产公允价值下跌为94万元。此时，期权为价内期权（行权价96＞94），假设期权时间价值为2万元。因此，继续涉入资产的价值从96万元降为94万元，相应地，继续涉入负债的金额从101万元降为98万元（96＋2），账务处理为：

  借：继续涉入负债   30 000
    贷：其他债权投资   20 000
      其他综合收益   10 000

（3）2×19年12月31日，假定资产的公允价值没有发生变动，乙公司决定在价内行权，甲公司必须以行权价重新取得该投资，账务处理为：

  借：继续涉入负债   980 000
    贷：银行存款   960 000
      其他综合收益   20 000

（五）因同时持有看涨期权和签出看跌期权而继续涉入以公允价值计量的被转移金融资产

企业因同时持有看涨期权和签出看跌期权（即上下限期权）而继续涉入以公允价值计量的被转移金融资产的，应当继续按照公允价值计量被转移金融资产，同时按照下列规定计量相关负债：

1. 该看涨期权是价内或平价期权的，应当按照看涨期权的行权价格和看跌期权的公允价值之和，扣除看涨期权的时间价值后的金额，计量相关负债。

2. 该看涨期权是价外期权的,应当按照被转移金融资产的公允价值和看跌期权的公允价值之和,扣除看涨期权的时间价值后的金额,计量相关负债。

【例14】甲公司与乙公司签订一项股票转让协议,同时购入一项行权价为110万元的看涨期权,并出售了一项行权价为90万元的看跌期权。假定转移日该股票的公允价值为100万元,看涨期权和看跌期权公允价值也即时间价值(由于上述期权均为价外期权,因此无内在价值)分别为5万元和2万元,甲公司收到97万元。

分析:

由于甲公司因卖出一项看跌期权和购入一项看涨期权使所转移股票投资不满足终止确认条件,且按照公允价值来计量该股票投资,因此,甲公司应当在转移日仍按照公允价值确认被转移金融资产。甲公司应确认的金融资产金额为100万元,由于该看涨期权是价外期权,应确认的继续涉入形成的负债金额为97万元[(100+2)-5]。

借:银行存款　　　　　　　　　　　　970 000
　　贷:继续涉入负债　　　　　　　　　　　970 000

(六)对金融资产的继续涉入仅限于金融资产一部分

对金融资产的继续涉入仅限于金融资产一部分的,企业应当根据本准则第十六条的规定,按照转移日因继续涉入而继续确认部分和不再确认部分的相对公允价值,在两者之间分配金融资产的账面价值,并将下列两项金额的差额计入当期损益:

1. 分配至不再确认部分的账面金额(以转移日为准);
2. 不再确认部分所收到的对价。

如果涉及转移的金融资产为根据《企业会计准则第22号——金融工具确认和计量》第十八条分类为以公允价值计量且其变动计入其他综合收益的金融资产的,不再确认部分的金额对应的原计入其他综合收益的公允价值变动累计额应当计入当期损益。

【例15】沿用［例4］资料，并补充以下资料：

2×18年1月1日，该组贷款的公允价值为10 100万元，0.5%的超额利差账户的公允价值为40万元。

分析：

（1）甲银行收到9 115万元对价，由两部分构成：一部分是转移的90%贷款及相关利息的对价，即9 090万元（10 100×90%）；另一部分是因为使保留的权利次级化所取得的对价25万元（9 115 - 9 090）。此外，由于超额利差账户的公允价值为40万元，从而甲银行的该项金融资产转移交易的信用增级相关的对价为65万元。

假定甲银行无法取得所转移该组贷款的90%和10%部分各自的公允价值，则甲银行所转移该组贷款的90%部分形成的利得或损失计算如表7所示。

表7　　　　　　　　　　　　　　　　　　　　　　　　　　　　单位：万元

	估计公允价值	占整体公允价值的百分比	分摊的账面价值
终止确认部分	9 090	90%	9 000
继续确认部分	1 010	10%	1 000
合计	10 100	100%	10 000

甲银行该项金融资产转移形成的利得 = 9 090 - 9 000 = 90（万元）

（2）甲银行仍保留贷款部分的账面价值为1 000万元。

（3）甲银行因继续涉入而确认资产的金额，按双方协议约定的、因信用增级使甲银行不能收到的现金流入量最大值1 000万元；另外，超额利差账户形成的资产40万元本质上也是继续涉入形成的资产。

因继续涉入而确认负债的金额，按因信用增级使甲银行不能收到的现金流入最大值1 000万元和信用增级的公允价值总额65万元，两项合计为 1 065 万元。

据此，甲银行在金融资产转移日应作如下账务处理：

借：存放中央银行款项　　　　　　　91 150 000
　　继续涉入资产——次级权益　　　　10 000 000
　　　　　　——超额利差账户　　　　　　400 000
　贷：贷款　　　　　　　　　　　　　90 000 000
　　　继续涉入负债　　　　　　　　　10 650 000
　　　贷款处置损益　　　　　　　　　　　900 000

（4）金融资产转移后，甲银行应根据收入确认原则，采用实际利率法将信用增级取得的对价 65 万元分期予以确认。账务处理为：

借：继续涉入负债　　　　　　　　　　　650 000
　贷：其他业务收入　　　　　　　　　　 650 000

此外，还应在资产负债表日计提减值损失。假设 2×18 年 12 月 31 日，已转移贷款的信用损失为 200 万元，则甲银行应作如下账务处理：

借：信用减值损失　　　　　　　　　　2 000 000
　贷：继续涉入资产——次级权益　　　2 000 000

赔付时：

借：继续涉入负债　　　　　　　　　　2 000 000
　贷：存放中央银行款项　　　　　　　2 000 000

八、关于金融资产转移中向转入方提供非现金担保物的会计处理

企业向金融资产转入方提供了非现金担保物（如债务工具或权益工具投资等）的，企业（转出方）和转入方应当按照下列规定处理：

1. 转入方按照合同或惯例有权出售该担保物或将其再作为担保物的，企业（转出方）应当将该非现金担保物在资产负债表中重新分类，并单独列报。

2. 转入方已将该担保物出售的，应确认出售担保物收到的款项；同时转入方应当就归还担保物义务，按照公允价值确认一项负债。

3. 除企业（转出方）因违约丧失赎回担保物权利外，企业应当继续将担保物确认为一项资产；转入方不得将该担保物确认为资产。

4. 企业（转出方）因违约丧失赎回担保物权利的，应当终止确认该担保物；转入方应当将该担保物确认为一项资产，并以公允价值计量。若转出方因违约丧失赎回担保物权利前，转入方已出售该担保物，则转入方应当终止确认归还担保物的义务。

附录一

企业会计准则第23号
——金融资产转移*

(2017年3月31日 财会〔2017〕8号)

第一章 总 则

第一条 为了规范金融资产(包括单项或一组类似金融资产)转移和终止确认的会计处理,根据《企业会计准则——基本准则》,制定本准则。

第二条 金融资产转移,是指企业(转出方)将金融资产(或其现金流量)让与或交付给该金融资产发行方之外的另一方(转入方)。

---

* 在境内外同时上市的企业以及在境外上市并采用国际财务报告准则或企业会计准则编制财务报告的企业,自2018年1月1日起施行;其他境内上市企业自2019年1月1日起施行;执行企业会计准则的非上市企业自2021年1月1日起施行。同时,鼓励企业提前执行。执行本准则的企业,不再执行财政部于2006年2月15日印发的《财政部关于印发〈企业会计准则第1号——存货〉等38项具体准则的通知》(财会〔2006〕3号)中的《企业会计准则第23号——金融资产转移》。

执行本准则的企业,应当同时执行财政部于2017年修订印发的《企业会计准则第22号——金融工具确认和计量》(财会〔2017〕7号)和《企业会计准则第24号——套期会计》(财会〔2017〕9号)。

金融资产终止确认，是指企业将之前确认的金融资产从其资产负债表中予以转出。

第三条 企业对金融资产转入方具有控制权的，除在该企业个别财务报表基础上应用本准则外，在编制合并财务报表时，还应当按照《企业会计准则第 33 号——合并财务报表》的规定合并所有纳入合并范围的子公司（含结构化主体），并在合并财务报表层面应用本准则。

第二章 金融资产终止确认的一般原则

第四条 金融资产的一部分满足下列条件之一的，企业应当将终止确认的规定适用于该金融资产部分，除此之外，企业应当将终止确认的规定适用于该金融资产整体：

（一）该金融资产部分仅包括金融资产所产生的特定可辨认现金流量。如企业就某债务工具与转入方签订一项利息剥离合同，合同规定转入方有权获得该债务工具利息现金流量，但无权获得该债务工具本金现金流量，终止确认的规定适用于该债务工具的利息现金流量。

（二）该金融资产部分仅包括与该金融资产所产生的全部现金流量完全成比例的现金流量部分。如企业就某债务工具与转入方签订转让合同，合同规定转入方拥有获得该债务工具全部现金流量一定比例的权利，终止确认的规定适用于该债务工具全部现金流量一定比例的部分。

（三）该金融资产部分仅包括与该金融资产所产生的特定可辨认现金流量完全成比例的现金流量部分。如企业就某债务工具与转入方签订转让合同，合同规定转入方拥有获得该债务工具利息现金流量一定比例的权利，终止确认的规定适用于该债务工具利息现金流量一定比例的部分。

企业发生满足本条（二）或（三）条件的金融资产转移，且存在一个以上转入方的，只要企业转移的份额与金融资产全部现金流量或特定可辨认现金流量完全成比例即可，不要求每个转入方均持有成比例的份额。

第五条 金融资产满足下列条件之一的，应当终止确认：

（一）收取该金融资产现金流量的合同权利终止。

（二）该金融资产已转移，且该转移满足本准则关于终止确认的规定。

第三章 金融资产转移的情形及其终止确认

第六条 金融资产转移，包括下列两种情形：

（一）企业将收取金融资产现金流量的合同权利转移给其他方。

（二）企业保留了收取金融资产现金流量的合同权利，但承担了将收取的该现金流量支付给一个或多个最终收款方的合同义务，且同时满足下列条件：

1. 企业只有从该金融资产收到对等的现金流量时，才有义务将其支付给最终收款方。企业提供短期垫付款，但有权全额收回该垫付款并按照市场利率计收利息的，视同满足本条件。

2. 转让合同规定禁止企业出售或抵押该金融资产，但企业可以将其作为向最终收款方支付现金流量义务的保证。

3. 企业有义务将代表最终收款方收取的所有现金流量及时划转给最终收款方，且无重大延误。企业无权将该现金流量进行再投资，但在收款日和最终收款方要求的划转日之间的短暂结算期内，将所收到的现金流量进行现金或现金等价物投资，并且按照合同约定将此类投资的收益支付给最终收款方的，视同满足本条件。

第七条 企业在发生金融资产转移时，应当评估其保留金融资产所有权上的风险和报酬的程度，并分别下列情形处理：

（一）企业转移了金融资产所有权上几乎所有风险和报酬的，应当终止确认该金融资产，并将转移中产生或保留的权利和义务单独确认为资产或负债。

（二）企业保留了金融资产所有权上几乎所有风险和报酬的，应当继续确认该金融资产。

（三）企业既没有转移也没有保留金融资产所有权上几乎所有风险和报酬的（即除本条（一）、（二）之外的其他情形），应当根据其是否保留了对金融资产的控制，分别下列情形处理：

1. 企业未保留对该金融资产控制的，应当终止确认该金融资产，并将转移中产生或保留的权利和义务单独确认为资产或负债。

2. 企业保留了对该金融资产控制的，应当按照其继续涉入被转移金融资产的程度继续确认有关金融资产，并相应确认相关负债。

继续涉入被转移金融资产的程度，是指企业承担的被转移金融资产价值变动风险或报酬的程度。

第八条 企业在评估金融资产所有权上风险和报酬的转移程度时，应当比较转移前后其所承担的该金融资产未来净现金流量金额及其时间分布变动的风险。

企业承担的金融资产未来净现金流量现值变动的风险没有因转移而发生显著变化的，表明该企业仍保留了金融资产所有权上几乎所有风险和报酬。如将贷款整体转移并对该贷款可能发生的所有损失进行全额补偿，或者出售一项金融资产但约定以固定价格或者售价加上出借人回报的价格回购。

企业承担的金融资产未来净现金流量现值变动的风险相对于金融资产的未来净现金流量现值的全部变动风险不再显著的，表明该企业已经转移了金融资产所有权上几乎所有风险和报酬。如无条件出售金融资产,或者出售金融资产且仅保留以其在回购时的公允价值进行回购的选择权。

企业通常不需要通过计算即可判断其是否转移或保留了金融资产所有权上几乎所有风险和报酬。在其他情况下,企业需要通过计算评估是否已经转移了金融资产所有权上几乎所有风险和报酬的,在计算和比较金融资产未来现金流量净现值的变动时,应当考虑所有合理、可能的现金流量变动,对于更可能发生的结果赋予更高的权重,并采用适当的市场利率作为折现率。

第九条 企业在判断是否保留了对被转移金融资产的控制时,应当根据转入方是否具有出售被转移金融资产的实际能力而确定。转入方能够单方面将被转移金融资产整体出售给不相关的第三方,且没有额外条件对此项出售加以限制的,表明转入方有出售被转移金融资产的实际能力,从而表明企业未保留对被转移金融资产的控制;在其他情形下,表明企业保留了对被转移金融资产的控制。

在判断转入方是否具有出售被转移金融资产的实际能力时,企业考虑的关键应当是转入方实际上能够采取的行动。被转移金融资产不存在市场或转入方不能单方面自由地处置被转移金融资产的,通常表明转入方不具有出售被转移金融资产的实际能力。

转入方不大可能出售被转移金融资产并不意味着企业(转出方)保留了对被转移金融资产的控制。但存在看跌期权或担保而限制转入方出售被转移金融资产的,转出方实际上保留了对被转移金融资产的控制。如存在看跌期权或担保且很有价值,导致转入方实际上不能在不附加类似期权或其他限制条件的情形下将该被转移金融资产出售给第三方,从而限制了转入方出售被转移金融资产的能力,转入方将持有被转移金融资产以获取看跌期权或担保下相应付款的,企业保留了对被转移金融资产的控制。

第十条 企业认定金融资产所有权上几乎所有风险和报酬已经

转移的，除企业在新的交易中重新获得被转移金融资产外，不应当在未来期间再次确认该金融资产。

第十一条 在金融资产转移不满足终止确认条件的情况下，如果同时确认衍生工具和被转移金融资产或转移产生的负债会导致对同一权利或义务的重复确认，则企业（转出方）与转移有关的合同权利或义务不应当作为衍生工具进行单独会计处理。

第十二条 在金融资产转移不满足终止确认条件的情况下，转入方不应当将被转移金融资产全部或部分确认为自己的资产。转入方应当终止确认所支付的现金或其他对价，同时确认一项应收转出方的款项。企业（转出方）同时拥有以固定金额重新控制整个被转移金融资产的权利和义务的（如以固定金额回购被转移金融资产），在满足《企业会计准则第22号——金融工具确认和计量》关于摊余成本计量规定的情况下，转入方可以将其应收款项以摊余成本计量。

第十三条 企业在判断金融资产转移是否满足本准则规定的金融资产终止确认条件时，应当注重金融资产转移的实质。

（一）企业转移了金融资产所有权上几乎所有风险和报酬，应当终止确认被转移金融资产的常见情形有：

1. 企业无条件出售金融资产。

2. 企业出售金融资产，同时约定按回购日该金融资产的公允价值回购。

3. 企业出售金融资产，同时与转入方签订看跌期权合同（即转入方有权将该金融资产返售给企业）或看涨期权合同（即转出方有权回购该金融资产），且根据合同条款判断，该看跌期权或看涨期权为一项重大价外期权（即期权合约的条款设计，使得金融资产的转入方或转出方极小可能会行权）。

（二）企业保留了金融资产所有权上几乎所有风险和报酬，应当继续确认被转移金融资产的常见情形有：

1. 企业出售金融资产并与转入方签订回购协议,协议规定企业将回购原被转移金融资产,或者将予回购的金融资产与售出的金融资产相同或实质上相同、回购价格固定或原售价加上回报。

2. 企业融出证券或进行证券出借。

3. 企业出售金融资产并附有将市场风险敞口转回给企业的总回报互换。

4. 企业出售短期应收款项或信贷资产,并且全额补偿转入方可能因被转移金融资产发生的信用损失。

5. 企业出售金融资产,同时与转入方签订看跌期权合同或看涨期权合同,且根据合同条款判断,该看跌期权或看涨期权为一项重大价内期权(即期权合约的条款设计,使得金融资产的转入方或转出方很可能会行权)。

(三)企业应当按照其继续涉入被转移金融资产的程度继续确认被转移金融资产的常见情形有:

1. 企业转移金融资产,并采用保留次级权益或提供信用担保等方式进行信用增级,企业只转移了被转移金融资产所有权上的部分(非几乎所有)风险和报酬,且保留了对被转移金融资产的控制。

2. 企业转移金融资产,并附有既非重大价内也非重大价外的看涨期权或看跌期权,导致企业既没有转移也没有保留所有权上几乎所有风险和报酬,且保留了对被转移金融资产的控制。

第四章 满足终止确认条件的金融资产转移的会计处理

第十四条 金融资产转移整体满足终止确认条件的,应当将下列两项金额的差额计入当期损益:

(一)被转移金融资产在终止确认日的账面价值。

（二）因转移金融资产而收到的对价，与原直接计入其他综合收益的公允价值变动累计额中对应终止确认部分的金额（涉及转移的金融资产为根据《企业会计准则第22号——金融工具确认和计量》第十八条分类为以公允价值计量且其变动计入其他综合收益的金融资产的情形）之和。企业保留了向该金融资产提供相关收费服务的权利（包括收取该金融资产的现金流量，并将所收取的现金流量划转给指定的资金保管机构等），应当就该服务合同确认一项服务资产或服务负债。如果企业将收取的费用预计超过对服务的充分补偿的，应当将该服务权利作为继续确认部分确认为一项服务资产，并按照本准则第十五条的规定确定该服务资产的金额。如果将收取的费用预计不能充分补偿企业所提供服务的，则应当将由此形成的服务义务确认一项服务负债，并以公允价值进行初始计量。

企业因金融资产转移导致整体终止确认金融资产，同时获得了新金融资产或承担了新金融负债或服务负债的，应当在转移日确认该金融资产、金融负债（包括看涨期权、看跌期权、担保负债、远期合同、互换等）或服务负债，并以公允价值进行初始计量。该金融资产扣除金融负债和服务负债后的净额应当作为上述对价的组成部分。

第十五条　企业转移了金融资产的一部分，且该被转移部分整体满足终止确认条件的，应当将转移前金融资产整体的账面价值，在终止确认部分和继续确认部分（在此种情形下，所保留的服务资产应当视同继续确认金融资产的一部分）之间，按照转移日各自的相对公允价值进行分摊，并将下列两项金额的差额计入当期损益：

（一）终止确认部分在终止确认日的账面价值。

（二）终止确认部分收到的对价，与原计入其他综合收益的公允价值变动累计额中对应终止确认部分的金额（涉及转移的金融资产为根据《企业会计准则第22号——金融工具确认和计量》第十八条分类为以公允价值计量且其变动计入其他综合收益的金融资产的情形）之和。对价包括获得的所有新资产减去承担的所有新负债后的金额。

原计入其他综合收益的公允价值变动累计额中对应终止确认部分的金额，应当按照金融资产终止确认部分和继续确认部分的相对公允价值，对该累计额进行分摊后确定。

第十六条　根据本准则第十五条的规定，企业将转移前金融资产整体的账面价值按相对公允价值在终止确认部分和继续确认部分之间进行分摊时，应当按照下列规定确定继续确认部分的公允价值：

（一）企业出售过与继续确认部分类似的金融资产，或继续确认部分存在其他市场交易的，近期实际交易价格可作为其公允价值的最佳估计。

（二）继续确认部分没有报价或近期没有市场交易的，其公允价值的最佳估计为转移前金融资产整体的公允价值扣除终止确认部分的对价后的差额。

第五章　继续确认被转移金融资产的会计处理

第十七条　企业保留了被转移金融资产所有权上几乎所有风险和报酬而不满足终止确认条件的，应当继续确认被转移金融资产整体，并将收到的对价确认为一项金融负债。

第十八条　在继续确认被转移金融资产的情形下，金融资产转移所涉及的金融资产与所确认的相关金融负债不得相互抵销。在后续会计期间，企业应当继续确认该金融资产产生的收入（或利得）和该金融负债产生的费用（或损失），不得相互抵销。

第六章 继续涉入被转移金融资产的会计处理

第十九条 企业既没有转移也没有保留金融资产所有权上几乎所有风险和报酬,且保留了对该金融资产控制的,应当按照其继续涉入被转移金融资产的程度继续确认该被转移金融资产,并相应确认相关负债。被转移金融资产和相关负债应当在充分反映企业因金融资产转移所保留的权利和承担的义务的基础上进行计量。企业应当按照下列规定对相关负债进行计量:

(一)被转移金融资产以摊余成本计量的,相关负债的账面价值等于继续涉入被转移金融资产的账面价值减去企业保留的权利(如果企业因金融资产转移保留了相关权利)的摊余成本并加上企业承担的义务(如果企业因金融资产转移承担了相关义务)的摊余成本;相关负债不得指定为以公允价值计量且其变动计入当期损益的金融负债。

(二)被转移金融资产以公允价值计量的,相关负债的账面价值等于继续涉入被转移金融资产的账面价值减去企业保留的权利(如果企业因金融资产转移保留了相关权利)的公允价值并加上企业承担的义务(如果企业因金融资产转移承担了相关义务)的公允价值,该权利和义务的公允价值应为按独立基础计量时的公允价值。

第二十条 企业通过对被转移金融资产提供担保方式继续涉入的,应当在转移日按照金融资产的账面价值和担保金额两者的较低者,继续确认被转移金融资产,同时按照担保金额和担保合同的公允价值(通常是提供担保收到的对价)之和确认相关负债。担保金额,是指企业所收到的对价中,可被要求偿还的最高金额。

在后续会计期间,担保合同的初始确认金额应当随担保义务的履行进行摊销,计入当期损益。被转移金融资产发生减值的,计提的损失准备应从被转移金融资产的账面价值中抵减。

第二十一条 企业因持有看涨期权或签出看跌期权而继续涉入被转移金融资产，且该金融资产以摊余成本计量的，应当按照其可能回购的被转移金融资产的金额继续确认被转移金融资产，在转移日按照收到的对价确认相关负债。

被转移金融资产在期权到期日的摊余成本和相关负债初始确认金额之间的差额，应当采用实际利率法摊销，计入当期损益，同时调整相关负债的账面价值。相关期权行权的，应当在行权时，将相关负债的账面价值与行权价格之间的差额计入当期损益。

第二十二条 企业因持有看涨期权或签出看跌期权（或两者兼有，即上下限期权）而继续涉入被转移金融资产，且以公允价值计量该金融资产的，应当分别以下情形进行处理：

（一）企业因持有看涨期权而继续涉入被转移金融资产的，应当继续按照公允价值计量被转移金融资产，同时按照下列规定计量相关负债：

1. 该期权是价内或平价期权的，应当按照期权的行权价格扣除期权的时间价值后的金额，计量相关负债。

2. 该期权是价外期权的，应当按照被转移金融资产的公允价值扣除期权的时间价值后的金额，计量相关负债。

（二）企业因签出看跌期权形成的义务而继续涉入被转移金融资产的，应当按照该金融资产的公允价值和该期权行权价格两者的较低者，计量继续涉入形成的资产；同时，按照该期权的行权价格与时间价值之和，计量相关负债。

（三）企业因持有看涨期权和签出看跌期权（即上下限期权）而继续涉入被转移金融资产的，应当继续按照公允价值计量被转移金融资产，同时按照下列规定计量相关负债：

1. 该看涨期权是价内或平价期权的，应当按照看涨期权的行权价格和看跌期权的公允价值之和，扣除看涨期权的时间价值后的金额，计量相关负债。

2. 该看涨期权是价外期权的，应当按照被转移金融资产的公允价值和看跌期权的公允价值之和，扣除看涨期权的时间价值后的金额，计量相关负债。

第二十三条　企业采用基于被转移金融资产的现金结算期权或类似条款的形式继续涉入的，其会计处理方法与本准则第二十一条和第二十二条中规定的以非现金结算期权形式继续涉入的会计处理方法相同。

第二十四条　企业按继续涉入程度继续确认的被转移金融资产以及确认的相关负债不应当相互抵销。企业应当对继续确认的被转移金融资产确认所产生的收入（或利得），对相关负债确认所产生的费用（或损失），两者不得相互抵销。继续确认的被转移金融资产以公允价值计量的，在后续计量时对其公允价值变动应根据《企业会计准则第22号——金融工具确认和计量》第六十四条的规定进行确认，同时相关负债公允价值变动的确认应当与之保持一致，且两者不得相互抵销。

第二十五条　企业对金融资产的继续涉入仅限于金融资产一部分的，企业应当根据本准则第十六条的规定，按照转移日因继续涉入而继续确认部分和不再确认部分的相对公允价值，在两者之间分配金融资产的账面价值，并将下列两项金额的差额计入当期损益：

（一）分配至不再确认部分的账面金额（以转移日计量的为准）；

（二）不再确认部分所收到的对价。

如果涉及转移的金融资产为根据《企业会计准则第22号——金融工具确认和计量》第十八条分类为以公允价值计量且其变动计入其他综合收益的金融资产的，不再确认部分的金额对应的原计入其他综合收益的公允价值变动累计额计入当期损益。

第七章 向转入方提供非现金担保物的会计处理

第二十六条 企业向金融资产转入方提供了非现金担保物（如债务工具或权益工具投资等）的，企业（转出方）和转入方应当按照下列规定进行处理：

（一）转入方按照合同或惯例有权出售该担保物或将其再作为担保物的，企业应当将该非现金担保物在财务报表中单独列报。

（二）转入方已将该担保物出售的，转入方应当就归还担保物的义务，按照公允价值确认一项负债。

（三）除因违约丧失赎回担保物权利外，企业应当继续将担保物确认为一项资产。

企业因违约丧失赎回担保物权利的，应当终止确认该担保物；转入方应当将该担保物确认为一项资产，并以公允价值计量。转入方已出售该担保物的，应当终止确认归还担保物的义务。

第八章 衔 接 规 定

第二十七条 在本准则施行日，企业仍继续涉入被转移金融资产的，应当按照《企业会计准则第22号——金融工具确认和计量》及本准则关于被转移金融资产确认和计量的相关规定进行追溯调整，再按照本准则的规定对其所确认的相关负债进行重新计量，并将相关影响按照与被转移金融资产一致的方式在本准则施行日进行调整。追溯调整不切实可行的除外。

第九章 附   则

第二十八条 本准则自2018年1月1日起施行。

附录二

《企业会计准则第 23 号 ——金融资产转移》修订说明

一、本准则的修订背景

《企业会计准则第 23 号——金融资产转移》主要规范金融资产转移和终止确认的相关判断及会计处理。金融资产能否终止确认决定了能否将其从企业的资产负债表转出，即能否"出表"，这是投资者和监管部门等会计信息使用者关注的重点之一。

自 2006 年《企业会计准则第 23 号——金融资产转移》发布以来，我国金融创新步伐不断加快，资产证券化这一金融资产转移的常见模式在近年来得到了较快发展。根据中央国债登记结算公司的统计，我国资产证券化市场自 2014 年起呈现爆发式增长，2014 年末市场规模较 2013 年末扩大了 15 倍。2015 年，我国共发行资产证券化产品 5 930.39 亿元，较 2014 年增长 79%，年末资产证券化市场存量为 7 178.89 亿元，同比增长 128%。2016 年，我国共发行资产证券化产品 8 420.51 亿元，较 2015 年增长 37.32%，年末资产证券化市场存量首次突破万亿，达 11 977.68 亿元，同比增长 52.66%。

在我国经济转型升级的大背景下，资产证券化作为激活存量资产、提高资金配置效率的重要工具，是金融机构和工商企业转型发展的重要选择,尤其在中央提出的"去产能、去库存、去杠杆"过程中,资产证券化也成为不良资产处置的一种方式。2015年12月23日,国务院常务会议审议通过了《关于进一步显著提高直接融资比重优化金融结构的实施意见》,明确提出"扩大信贷资产证券化规模,发展企业资产证券化,推进基础设施资产证券化试点"。2016年国务院政府工作报告中提出将"基础设施等资产证券化"作为深化投融资体制改革的重要措施之一。2016年2月,中国人民银行、国家发改委、财政部、银监会等八部委联合印发《关于金融支持工业稳增长调结构增效益的若干意见》,提出要稳步推进资产证券化发展。

为了进一步明确和规范资产证券化等金融资产转移创新业务的会计处理,如实反映企业财务状况和经营业绩,防范和控制金融风险,保持我国企业会计准则与国际财务报告准则的持续趋同,项目组对现行金融资产转移准则进行了修订。

二、本准则的修订过程

项目组于2015年着手启动了本准则的修订工作。根据我国会计准则制定程序,项目组在充分借鉴国际财务报告准则和全面研究我国企业实务的基础上,起草了本准则的讨论稿,广泛征求相关方面意见,并根据反馈意见对讨论稿进行了反复修改,形成征求意见稿。

2016年8月1日,项目组发布了《企业会计准则第23号——金融资产转移(修订)(征求意见稿)》,面向社会公开征求意见,反馈意见截止期为2016年10月11日。截至2016年11月,共收到反馈意见42份。反馈意见总体上对修订内容表示赞同,支持根据我国金融市场的发展和实务的需求,并结合《中国企业会计准则与国际财务报告准则持续趋同路线图》的要求修订金融资产转移准则,认为本次修订不仅对金融资产转移相关实务问题提供更加具体的指引，支持和促进我国金融资产转移尤其是资产证券化的创新和发展，也有助于充分发挥会计准则在促进防范和控制金融风险方面的作用。反馈意见对征求意见稿的具体内容也提出了很好的意见和建议，项目组对各反馈意见进行了认真研究和充分吸收。

在本准则起草和公开征求意见过程中，项目组还和国际会计准则理事会进行了充分沟通，并就本准则实施安排与相关金融机构举行座谈，充分听取各方面的意见。在上述工作的基础上，项目组形成了本准则。

三、本准则修订的主要内容

相对于现行准则，本准则修订的主要内容如下：

（一）进一步明晰金融资产转移及其终止确认的判断原则

为了进一步提升本准则的可操作性，此次修订在维持金融资产转移及其终止确认判断原则不变的前提下对相关判断标准、过程及会计处理进行了梳理，突出金融资产终止确认的判断流程，从金融资产终止确认的一般原则、金融资产转移的具体情形及其终止确认、金融资产转移是否导致终止确认的三种结果及其会计处理等方面对企业金融资产转移业务进行会计规范。

（二）进一步满足金融资产转移创新业务的实际需要

为了切实解决我国企业金融资产转移创新实务中的问题，此次修订对相关实务问题提供了更加详细的指引，增加了继续涉入情况下相关负债计量的相关规定，并对企业判断是否继续控制被转移资产提供更多指引,对不满足终止确认条件情况下转入方的会计处理和可能产生的对同一权利或义务的重复确认等问题进行了明确。

(三) 进一步反映金融工具分类和计量的最新变化对本准则的影响

修订后的《企业会计准则第 22 号——金融工具确认和计量》对金融工具的分类和计量进行了调整,对本准则产生以下影响:一是对于分类为以公允价值计量且其变动计入其他综合收益的金融资产(债务工具投资),在确定资产转移损益时,其计入其他综合收益的累计金额应予转回;二是对于继续涉入情况下金融资产发生重分类时,相关负债的计量需要进行追溯调整。